Inhalt

Sinn und Zweck von Auffanggesellschaften

Kernthesen

Beitrag

Fallbeispiele

Weiterführende Literatur

Impressum

GENIOS WirtschaftsWissen Nr. 11/2004 vom 11.11.2004

Sinn und Zweck von Auffanggesellschaften

M.Sydow

Kernthesen

- Seit Januar sind die Voraussetzungen für die Gründung einer Beschäftigungsgesellschaft oder auch Auffanggesellschaft vereinfacht worden. (1)
- Auffanggesellschaften werden gegründet, um vom Personalabbau betroffene Mitarbeiter für neue Jobs zu qualifizieren und sie möglichst schnell weiter zu vermitteln. (12)
- Damit sollen betriebsbedingte Kündigungen verhindert werden. (2), (3)
- Diese Variante des Personalabbaus ist für Unternehmen günstiger als Sozialpläne und für die Mitarbeiter ist das Gehalt nach wie

vor höher als die Arbeitslosenhilfe. (12)

Beitrag

Eine Auffanggesellschaft wird dann gegründet, wenn ein Unternehmen droht in Insolvenz zu gehen. Der Aufbau einer Auffanggesellschaft soll dazu beitragen, ein Unternehmen zu sanieren. Gesellschafter sind in aller Regel die Gläubiger. Rein rechtlich ist diese Auffanggesellschaft vom eigentlichen Unternehmen getrennt, führt aber Gewinne an dieses ab. (3), (13)

Auffanggesellschaften oder auch Beschäftigungsgesellschaften sind betriebsorganisatorisch eigenständige Einheiten. Unterstützt werden sie meist von der Bundesagentur für Arbeit. Diese zahlt anteilig ein so genanntes Transferkurzarbeitergeld an die Beschäftigten und unterstützt diese bei der Weitervermittlung. Für den Wechsel vom Unternehmen in eine Beschäftigungsgesellschaft muss ein Beschäftigter an seinem ursprünglichen Arbeitsplatz eine Aufhebungsvereinbarung unterschreiben und anschließend einen befristeten Arbeitsvertrag in der Auffanggesellschaft unterzeichnen. Der Arbeitnehmer bleibt in der Regel für bis zu ein Jahr in der Beschäftigungsgesellschaft. Anschließend erhält er basierend auf dem Gehalt vor Eintritt in die

Beschäftigungsgesellschaft Anspruch auf Arbeitslosengeld. (1), (3), (12)

Vereinfachte Voraussetzungen für die Gründung von Beschäftigungsgesellschaften

In diesem Jahr sind die Voraussetzungen für die Gründung von Beschäftigungsgesellschaften verbessert worden. Bis Ende des vergangenen Jahres war der Nachweis erforderlich, dass das Unternehmen sich in einer Strukturkrise befindet. Der neuen Regelung zufolge ist nun nur noch die Bekanntgabe über Personalabbau oder die Stilllegung eines Betriebes oder von Teilen eines Betriebes notwendig. Dies genügt, um Gelder für den Zeitraum eines Jahres für den Aufbau von Beschäftigungsgesellschaften vom Arbeitsamt zu erhalten. (1)

Vor- und Nachteile von Auffanggesellschaften

Unter dem Deckmantel der Sozialverträglichkeit

werden zunehmend Auffanggesellschaften gegründet. Das Problem besteht darin, dass Mitarbeiter nach Ablauf ihres Vertrages mit der Auffanggesellschaft einen neuen Arbeitsplatz gefunden haben müssen. Ist dies nicht der Fall, droht unweigerlich die Arbeitslosigkeit. In diesem Zusammenhang wird vor allem kritisiert, dass dadurch keine sozialverträgliche Auswahl getroffen werden kann. Weiterhin wird argumentiert, dass der Weg über Auffanggesellschaften eine zeitverzögerte betriebsbedingte Kündigung darstellt und dabei vor allem für die Unternehmen kostengünstiger ist. Außerdem werden die Chancen auf eine Weitervermittlung mit zunehmendem Alter geringer. Dennoch steht dieser Lösung die weitaus schlechtere Lösung der betriebsbedingten Kündigung gegenüber. Hierbei wandert zeitgleich meist ein Grossteil der Beschäftigten ohne Abfederung in die Arbeitslosigkeit. (2), (12)

Offene Fragen:
Unternehmenskrisen führen meist zu Kosteneinsparungen und Personalabbau. Viele Konzerne wie General Motors, Karstadt-Quelle oder VW sind jedoch für eine Region nicht nur direkter Arbeitgeber. So sind beispielsweise auch Zulieferer und andere mittelständische Firmen von der Kaufkraft der Region abhängig. Bei einer Schließung

von Werken und Personalabbau leidet die gesamte Region. Es stellt sich daher die Frage, ob in einer geschwächten Region durch Gründung von Auffanggesellschaften überhaupt genügend Arbeitsplätze an ehemalige Mitarbeiter vermittelt werden können. (6), (10)

Fallbeispiele

Bei Opel ist die Gründung einer Auffanggesellschaft im Gespräch. Der stellvertretende General-Motors (GM) Europa Chef Carl-Peter Forster will durch die Überführung von Mitarbeitern in Beschäftigungsgesellschaften betriebsbedingte Kündigungen vermeiden. Geplant ist, dass die durch den Stellenabbau betroffenen Mitarbeiter durch die Überführung in eine Auffanggesellschaft eine Arbeitsplatzsicherung von zwei Jahren erhalten. Allerdings müssen die Beschäftigten Lohneinbußen von 30 Prozent hinnehmen. Derzeit liegen die Opel Gehälter bei 20 Prozent über dem IG-Metall-Tarif. (7), (8), (11)

Die Beschäftigungsgesellschaft Joda hat erfreuliche Ergebnisse erbracht. In die Gesellschaft wurden 780

Mitarbeiter der insolventen Aero Lloyd übernommen. Bereits die Hälfte arbeitet inzwischen wieder. Allerdings ist der Grossteil der Mitarbeiter in einem befristeten Beschäftigungsverhältnis tätig. (1)

Europas größter Warenhaus- und Versandhandelskonzern Karstadt Quelle möchte neben dem Verkauf von Kaufhäusern auch massiv die Personalkosten senken. Dabei soll der Abbau möglichst sozialverträglich über Auffanggesellschaften erfolgen. Karstadt Quelle schließt jedoch auch betriebsbedingte Kündigungen nach wie vor nicht aus. Neben der Einsparung über den Personalabbau werden laut dem Sprecher von Karstadt Quelle dagegen zeitgleich enorme Kosten für Sozialpläne erwartet. Für die Sanierung des Unternehmens wird es jedoch kein Notpaket von der Regierung geben. Einzig die Kosten von Transfermaßnahmen durch die Gründung von Auffanggesellschaften sollen vom Arbeitsamt zu 50 Prozent übernommen werden. (2), (3)

Das Viskosewerk Enka hat vor vier Jahren seine Tore endgültig geschlossen. Die Entscheidung hierzu war nicht wirtschaftlich motiviert, da das Unternehmen nie Verluste gemacht hat. Bei der Schließung wurden auf einen Schlag 950 Mitarbeiter arbeitslos. Die Gründung von zwei Auffanggesellschaften sollte vor allem ausländischen Arbeitnehmern den Übergang an einen neuen Arbeitsplatz erleichtern. Dazu wurden in einem Weiterqualifizierungsprogramm unter anderem Deutschkurse angeboten. Heute haben 95 Prozent der früheren Enka Mitarbeiter einen neuen Job gefunden. (13)

Die Umsetzung der Arbeitsmarktreform stellt die Bundesagentur für Arbeit vor einige Probleme. Um eine pünktliche Auszahlung der Gelder für das kommende Jahr zu gewährleisten, sollen Mitarbeiter von Post und Bahn bei Engpässen einspringen. Der geringe Rücklauf der Anträge für das Arbeitslosengeld II bereitet der Arbeitsagentur Sorgen. Das heißt, die Eingabe der Daten und Berechnung der künftigen Ansprüche wird gegen Ende des Jahres immer enger. Daher sind bereits 3000 Mitarbeiter der von der Telekom gegründeten Auffanggesellschaft Vivento an die Bundesagentur für Arbeit ausgeliehen worden. Möglich wird dies, weil in einem Amtshilfeverfahren sich Behörden gegenseitig Beamte ausleihen können. Dies ist auch bei den früheren Staatsunternehmen Telekom und Post der Fall. Dabei wird nicht nur der Engpass überbrückt, sondern es werden auch enorme Kosten gespart, da die Bundesagentur für Arbeit sich die Zahlung der Bezüge mit dem Arbeitgeber Post oder Telekom teilen kann. (4), (12)

Weiterführende Literatur

(1) Beschäftigungsgesellschaften boomen In der Krise parken viele Unternehmen Personal, das von Kündigung bedroht ist / "Keine Entsorgungsveranstaltung"
aus Frankfurter Rundschau v. 06.05.2004, S.15, Ausgabe: S Stadt

(2) 4000 Stellen fallen weg - Vor allem Verwaltungspersonal betroffen - "Zwei bis drei" Häuser müssen schließen Karstadt verschärft seinen Sparkurs
aus Die Welt, Jg. 59, 05.07.2004, Nr. 154, S. 15

(3) Kanzler: Manager haben versagt
aus Darmstädter Echo, 01.10.2004

(4) Bovensiepen, Nina, Schwierige Umsetzung der Arbeitsmarktreform, Bundesagentur bereitet Notfallpläne vor, Süddeutsche Zeitung, 27.08.2004, S. 19
aus Darmstädter Echo, 01.10.2004

(5) O.V., Reformruine Arbeitsmarkt, Traum von der Klebrigkeit, Spiegel Online, 19.08.2004
aus Darmstädter Echo, 01.10.2004

(6) kommentar Die besseren Manager
aus Frankfurter Rundschau v. 20.10.2004, S.3, Ausgabe: S Stadt

(7) Europa-Chef von General Motors droht mit Schließung des Bochumer Werkes Opel Konflikt bei Opel eskaliert
aus Berliner Morgenpost, Jg. 106, 17.10.2004, Nr. 285, S. 5

(8) Betriebsrat und Opel-Führung nehmen Gespräche auf
aus Frankfurter Allgemeine Zeitung, 18.10.2004, Nr. 243, S. 13

(9) Bovensiepen, Nina, Der Rivale aus Paris, Minister Clement sucht eine Linie für die deutsche Industriepolitik, Süddeutsche Zeitung, 14.10.2004, S. 20
aus Frankfurter Allgemeine Zeitung, 18.10.2004, Nr. 243, S. 13

(10) Wildmeister, Susanne, Gehaltseinbußen einkalkulieren - Agentur für Arbeit steht Opel-Mitarbeitern zur Seite/Beratung im Werk?, Main-Spitze, 16.10.2004
aus Frankfurter Allgemeine Zeitung, 18.10.2004, Nr. 243, S. 13

(11) Reitz, Ulrich, Opel-Krise: Die Streiks sind beendet. Nun verhandelt der Betriebsrat am Opel-Vorstand vorbei direkt mit der Führung, Betriebsrat spricht über Ende der Adam Opel AG, Welt am Sonntag, 24.10.2004, S. 27
aus Frankfurter Allgemeine Zeitung, 18.10.2004, Nr.

243, S. 13

(12) Wie die Quadratur des Kreises
aus Kölner Stadtanzeiger, 20.10.2004

(13) Vom Betriebsrat bei Enka zum Hausmeister an der Schule Ali Yesil war Verhandlungsführer für die Belegschaft der Fabrik / Jetzt ist die Gesamtschule sein Arbeitsplatz
aus Frankfurter Rundschau v. 26.06.2004, S.41, Ausgabe: R Region

Impressum

Sinn und Zweck von Auffanggesellschaften

Bibliografische Information der deutschen Nationalbibliothek

Die Deutsche Nationalbibliothek verzeichnet diese Publikation in der deutschen Nationalbibliografie; detaillierte bibliografische Daten sind im Internet über http://dnb.d-nb.de abrufbar.

ISBN: 978-3-7379-0168-0

© 2015 GBI-Genios Deutsche Wirtschaftsdatenbank GmbH, Freischützstraße 96, 81927 München, www.genios.de

Alle Rechte vorbehalten. Dieses Werk ist einschließlich aller seiner Teile – z.B. Texte, Tabellen und Grafiken - urheberrechtlich geschützt. Jede Verwertung außerhalb der Grenzen des Urheberrechtsgesetzes bedarf der vorherigen Zustimmung des Verlags. Dies gilt insbesondere auch für auszugsweise Nachdrucke, fotomechanische Vervielfältigungen (Fotokopie/Mikroskopie), Übersetzungen, Auswertungen durch Datenbanken oder ähnliche Einrichtungen und die Einspeicherung und Verarbeitung in elektronischen Systemen.